Ernst Probst

Giulietta Masina - Die italienische Charakterdarstellerin

Ernst Probst

Giulietta Masina - Die italienische Charakterdarstellerin

GRIN Verlag

Bibliografische Information der Deutschen Nationalbibliothek: Die Deutsche Bibliothek verzeichnet diese Publikation in der Deutschen Nationalbibliografie; detaillierte bibliografische Daten sind im Internet über http://dnb.d-nb.de/ abrufbar.

1. Auflage 2012
Copyright © 2012 GRIN Verlag GmbH
http://www.grin.com
Druck und Bindung: Books on Demand GmbH, Norderstedt Germany
ISBN 978-3-656-20866-2

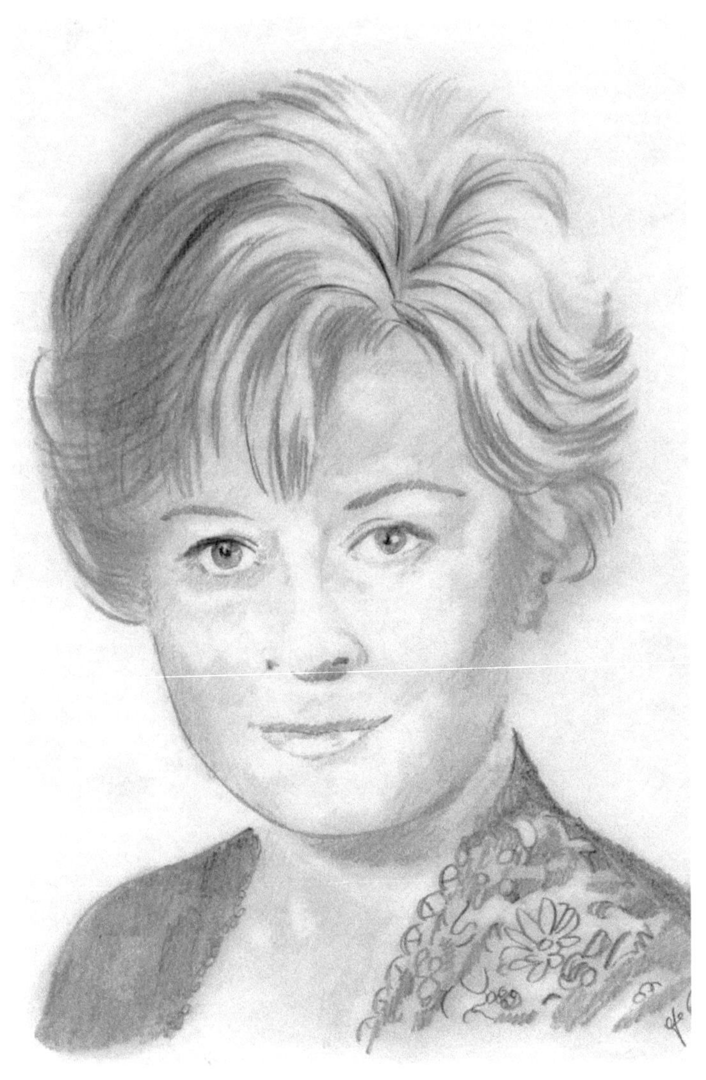

Giulietta Masina (1921–1994).
Zeichnung von Marc Heiko Ulrich, Kunstzeichner.de

Ernst Probst

Giulietta Masina

Die italienische
Charakterdarstellerin

Beate Werner,
Bernd Werner,
Marianne Werner,
Sonja Werner,
Otto Werner,
Dr. Jochen Werner,
Christine Werner und
Steffen Werner
gewidmet

Giulietta Masina

Die italienische Charakterdarstellerin

Zu den führenden Charakterdarstellerinnen Italiens zählte die Schauspielerin und Journalistin Giulietta Masina (1921–1994), geborene Giulia Anna Masina. Berühmt wurde sie vor allem durch Rollen in Filmen, bei denen ihr Ehemann Federico Fellini (1920–1993) die Regie führte. Die Hauptrolle ihres Lebens spielte sie in dem Streifen „La Strada", in dem sie als tragikomische Prostituierte Gelsonima die Zuschauer lachen und weinen ließ.

Giulia Anna Masina kam am 22. Februar 1921 in San Giorgio di Piano (Provinz Bologna) zur Welt. Ihr Vater Gaetano Masina spielte als junger Mann Geige in einem Tanzorchester und arbeitete später als Kassierer in einer Kunststofffabrik. Giulia war das vierte und jüngste Kind ihrer Eltern. Vor ihr wurden ihre Schwester Eugenia sowie die Zwillinge Mario und Maria geboren. Ihre Mutter Anna Flavia Pasqualin unterrichtete in ihrem Geburtsort als Lehrerin, wie es zuvor bereits die Großmutter getan hatte.

Aufgewachsen ist Giulia bei einer verwitweten Tante in Rom, die sie streng erzog. Im Lyzeum „Santa Angela Merici" der Ursulinerinnen erhielt sie auch Gesangs-

und Klavierunterricht. Weil ihre Hände für das Klavier zu klein waren, musste sie aber bald das Musizieren aufgeben. Nach dem Abitur studierte sie Philologie und christliche Archäologie an der Universität Rom und promovierte mit einer Arbeit über die Lazarus-Texte an römischen Katakomben-Wänden zum „Doktor der Philosophie".

Während ihres Studiums interessierte sich Giulietta Masina auch für das Theater. Sie schloss sich einer studentischen Experimentierbühne an und sammelte erste schauspielerische Erfahrungen. An dieser Studentenbühne trat sie vier Jahre lang als Amateurschauspielerin in Komödien von Carlo Goldoni (1707-1793) in Stücken antiker Klassiker auf.

1943 erhielt Giulietta Masina für eine Gage von 50 Lire, was damals etwa fünf Reichsmark entsprach, eine Sprechrolle in der Serie „Cico und Pallina" des römischen Rundfunks. Diese Serie fußte auf Bildergeschichten über die Abenteuer eines jungen Brautpaares. Autor jener Serie war der junge unbekannte Karikaturist Federico Fellini („Fefe"), der damals noch weit von seinem späteren Ruhm entfernt war. Fellini hatte in Florenz Rechtswissenschaft studiert und den Titel „Dr. jur." erworben, zog es aber vor, beim satirischen Wochenblatt „Marc"Aurelio" als Redakteur und Zeichner zu arbeiten.

Die Hörfolge „Cico und Pallina" von Federico Fellini war 1943 so erfolgreich, dass ein Produzent sie verfilmen wollte. Fellini kannte die Sprecher seiner Serie bis dahin noch nicht persönlich. Zunächst traf er sich mit dem Radio-Bräutigam „Cico", der ihn aber sehr enttäuschte, weil er kahlköpfig und sehr dick war. Nach diesem Negativerlebnis erwartete Fellini auch von einem Treffen mit der Radio-Braut „Pallina" nicht mehr viel. Zu der Verabredung mit ihr erschien er mit großer Verspätung. Als der 1,80 Meter große Federico Fellini endlich ankam, traf er die 1,57 Meter kleine promovierte Geisteswissenschaftlerin Dr. Giulietta Masina verschüchtert bei einer Tasse Espresso an und verliebte sich sofort in sie. Federico sah damals spindeldürr aus und wurde deswegen „Gandhi" genannt. An Giulietta faszinierte Federico, dass sie so zierlich, lieb, unschuldig, gutherzig und vertrauensvoll war und seinen Schutz brauchte. Als Federico später nicht mehr so schlank war, gefielen ihm vollbusige Filmschauspielerinnen.

Der geplante Film über „Cico und Pallina" wurde nie gedreht. Weil ein Kind unterwegs war, heirateten Giulietta Masina und Federico Fellini 1944. Die junge Ehefrau erlitt eine Fehlgeburt.

Vor der Hochzeit war Federico Fellini während eines Bummels durch das von deutschen Truppen besetzte Rom bei einer Razzia aufgegriffen worden. Dank seines komödiantischen Talents konnte er aber entkommen. Man hatte ihn bereits in eine deutsche Kaserne gebracht, wo Federico einem ihm fremden deutschen Offizier entgegenlief und so tat, als ob er dessen alter Bekannter

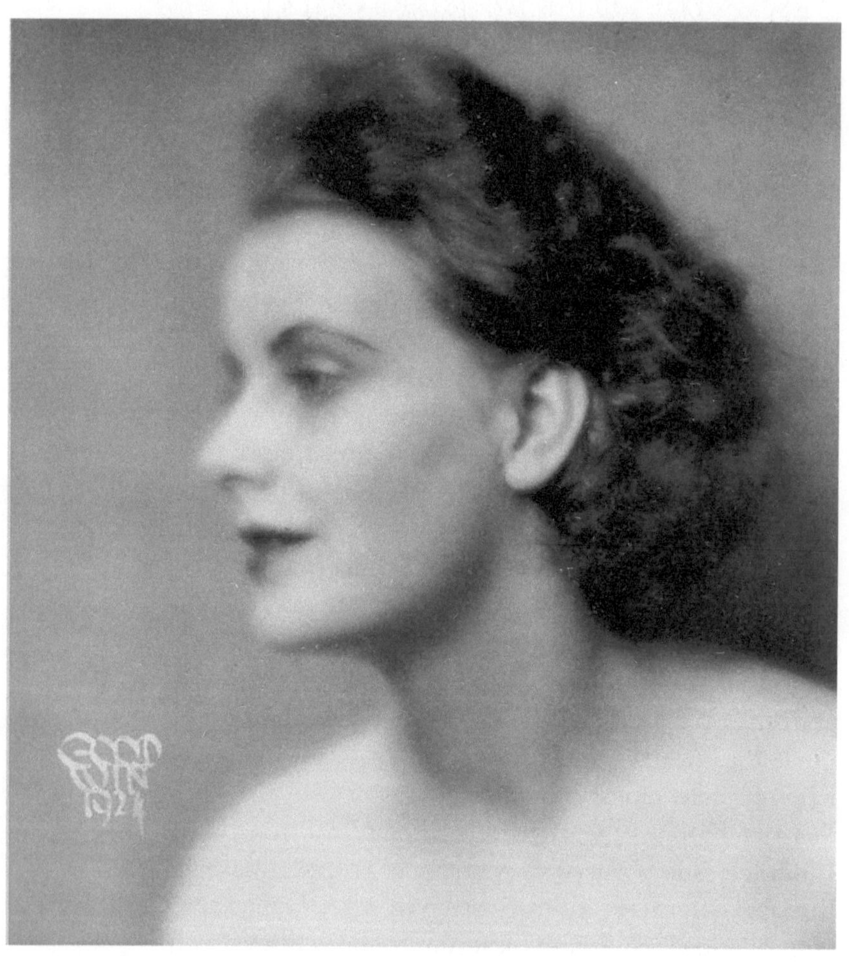

Greta Garbo (1905–1990)

sei. Die List glückte: Der Wachtposten ließ Fellini zusammen mit dem Offizier das Kasernentor passieren. Nachdem 1944 die Amerikaner in Rom einrückten, betrieb Federico Fellini einen Andenkenhandel für die Besatzer. Er porträtierte und karikierte US-Soldaten so geschickt, dass er gemeinsam mit einem Kollegen fünf Souvernir-Läden eröffnen konnte.
1944 trat Giuilietta Masina wieder im Theater auf. Am 22. März 1945 brachte sie den Sohn Federico („Federichino") zur Welt, der aber bereits einige Wochen später am 24. April 1945 starb. Danach erfuhr Giulietta, sie werde nie wieder Kinder bekommen. Als Fellini hörte, dass Giulietta und er keine gemeinsamen Kinder haben würden, erklärte er: „Meine Filme sind meine Kinder!"
Eines Tages erschien überraschenderweise der Regisseur Roberto Rosselini (1906–1977) in einem der Souvenir-Läden von Federico Fellini, um diesen um seine Hilfe zu bitten. Rosselini hatte von einer reichen älteren Dame mit Filmspleen den Auftrag erhalten, einen Dokumentarfilm über den römischen Priester Don Guiseppe Morosini (1913–1944 zu drehen, der von den Deutschen erschossen worden war. Er wollte die Rolle des Priesters dem berühmten Komödianten Aldo Fabrizi (1905–1990) anbieten und bat dessen Freund Fellini dabei um Vermittlung.
Fellini erfuhr von Rosselini auch, dass dessen Mäzenatin einen zweiten Kurzfilm über die Streiche junger römischer Mädchen gegenüber deutschen Soldaten

finanzieren wollte. Daraufhin schlugen er und der Drehbuch-Autor Sergio Amidei (1904–1981) dem jungen Regisseur Rosselini vor, er solle statt eines Kurzfilms einen abendfüllenden Spielfilm drehen. Das war die Geburtsstunde für den Film „Rom – offene Stadt" und für die neue Filmgattung des Neorealismus.

Unter schwierigen Bedingungen drehte Roberto Rosselini nach dem von Fellini und Amidei verfassten Drehbuch tatsächlich den Film „Rom – offene Stadt" (1945). Die römische Filmstadt „Cinecittá" stand damals nicht zur Verfügung. Statt dessen ging Rosselini auf die Straße und arbeitete dort ohne Studio und bei Tageslicht mit geliehenen alten Filmkameras und schlechtem Filmmaterial. Heraus kam ein Meisterwerk über den römischen Priester mit Männern, Frauen und Kindern als Darstellern/innen, die er in Cafés oder auf der Gasse fand und anwarb.

„Rom – offene Stadt" galt als die erste europäische Auflehnung gegen den amerikanischen Film und wurde mit dem begehrten „Oscar" ausgezeichnet. Der Erfolg dieses Werkes ermutigte Federico Fellini, das Drehbuch für den Streifen „Paisà", 1946) zu schreiben. Dabei handelte es sich um eine Reportage über den Zusammenbruch des Faschismus und den Vormarsch der Alliierten in Italien. In diesem Film feierte Giulietta Masina ihr Debüt auf der Kinoleinwand. Dabei sah man sie allerdings nur kurz. „Paisà" war der zweite Film einer Reihe von Roberto Rosselini, zu der neben „Rom

– offene Stadt" (1945) auch „Deutschland im Jahre null" (1948) gehörte. Für „Rom – offene Stadt" erhielt Federico Fellini den „Oscar" für das beste Drehbuch des Jahres.

In dem Film „Senza pietà" („Ohne Gnade", 1948) unter der Regie von Alberto Lattuada (1914–2005) spielte Giulietta Masina bereits eine Hauptrolle. Das Drehbuch stammte von Federico Fellini. Für ihre Rolle in diesem Streifen erhielt Giulietta als beste Charakterdarstellerin das italienische Silberband.

Der erste Film, den Giulietta Masina zusammen mit ihrem Gatten Federico Fellini drehte, hieß „Luci del varietà" („Lichter des Varieté", 1951). Fellini führte dabei Co-Regie neben Alberto Lattuada. „Luci del varietà" handelt von einer drittklassigen Theatergruppe. Hierfür bekam Giulietta erneut als beste Charakterdarstellerin das italienische Silberband.

In „Europa 51" („Mutterschicksal", 1952) trat Giulietta Masina wieder in einem Film unter der Regie von Roberto Rosselini auf. Dabei hatte sie aber nur eine kleine Rolle. In einer Szene ließ sie sich so nachhaltig mit Wasser überschütten, dass sie davon eine Lungenentzündung erlitt. Mit von der Partie war sie auch in „Lo sceicco bianco" („Der weiße Scheich", Alternativtitel „Die bittere Liebe", 1952), der ersten Solo-Regie-Arbeit von Federico Fellini.

1953 lobte der Filmkritiker Giuseppe Marotta (1902–1963) die Leistungen von Giulietta Masina mit folgenden

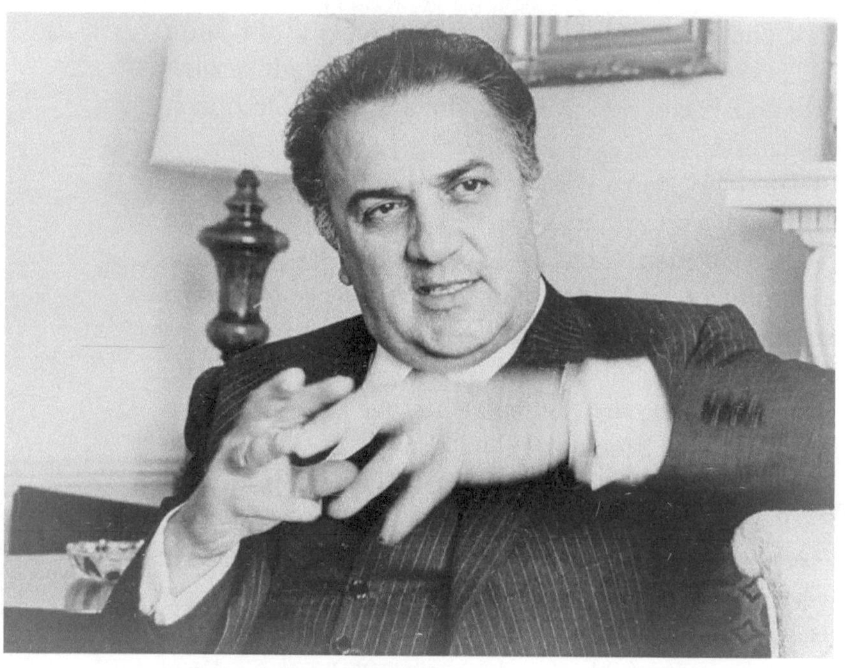

Federico Fellini (1920–1993)
im Jahre 1965

Worten: „Sie ist eine große, für das Kino geborene Schauspielerin wie die Garbo, wie die Davis, wie (einmal das Geschlecht beiseite gelassen) Gary Cooper. Ein Gesicht und ein Können, die nicht im Filmgeschäft erworben, sondern mit dem Kino natürlich verwandt sind".

Lange planten Federico Fellini und seine Ehefrau Giulietta einen Film, von dem jeder abriet: „La Strada" („Das Lied der Straße", 1954). Hauptfigur war das einfältige und sensible Straßenmädchen Gelsonima (deutsch: „Jasminchen") mit Rapunzelgesicht und watschelndem Entengang. Fellini skizzierte diese Figur immer wieder auf seinek Zeichenblock. Bei der Mimik ließ er sich von Kinderbildern seiner Ehefrau inspirieren, vor allem von deren Angewohnheit, mit geschlossenen Lippen zu lächeln.

Eine schweigsame Szene, die er zufällig in Capranicio (Latium) beobachtete, beeindruckte Federico Fellini so sehr, dass er beschloss, seinen geplanten Film im Zigeuermilieu anzusiedeln. Er sah ein Zigeunerpaar beim Essen. Die Frau hielt eine Suppenschüssel im Arm und teilte ihrem Mann die Suppe aus.

Filmproduzenten, denen Federico Fellini seine Erzählung aus der zigeunernden Artistenwelt schmackhaft machen wollte, stuften diesen Stoff als erotische Dreiecksgeschichte ohne besonderen Reiz ein. Zwei Jahre lang ging Fellini mit seinem Manuskript hausieren, aber keiner der angesprochenen Produzenten erwärmte

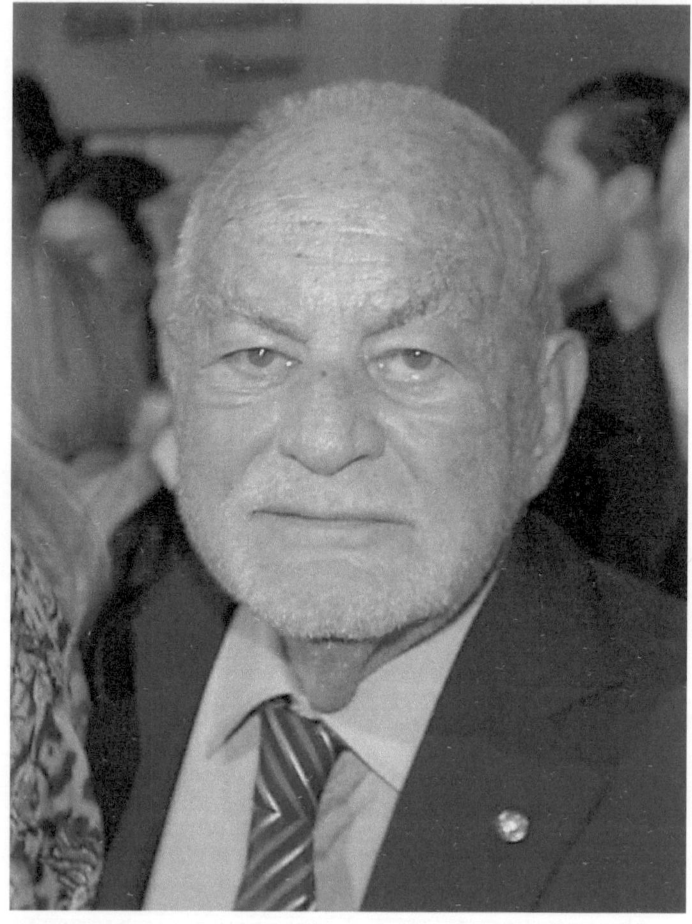

Dino De Laurentis (1919–2010)
im Jahre 2009

sich für das Projekt. Eines Tages geschah doch so etwas wie ein kleines Wunder: In einer heute noch unerklärlichen Schwächeanwandlung erklärte sich der wagemutige Filmproduzent Dino De Laurentis (1919–2010) dazu bereit, den Filmplan von Fellini zu finanzieren. Allerdings forderte er, die Hauptrolle mit einer Sexbombe zu besetzen. Als Fellini seine eigene Ehefrau Giulietta Masina als Hauptdarstellerin vorschlug, soll De Laurentis regelrecht erschauert sein. Doch Fellini war fest davon überzeugt, nur seine Gattin könne die Gelsomina spielen. Er hatte den ganzen Film auf der Vorstellung einer vollkommenen Identität zwischen Gelsomina und Giulietta aufgebaut und bestand um jeden Preis auf ihrer Mitwirkung. Zudem wollte er eigene Erlebnisse verarbeiten, die er als Clown in einem Zirkus gemacht hatte, nachdem er mit 15 seinen Eltern weggelaufen war.

Dank seiner Beharrlichkeit gelang es Federico Fellini, den Produzenten Dino De Laurentis dafür zu gewinnen, einen Versuch mit Giulietta Masina als Hauptdarstellerin zu wagen. Fellini begann mit den Dreharbeiten und De Laurentis sah alle paar Tage die Rohaufnahmen an. Davon hing es ab, ob Fellini weiterdrehen durfte oder ob er die Masina durch eine Sexbombe ablösen musste. Am 31. Drehtag war De Laurentis endlich überzeugt. Giulietta Masina erhielt einen Vertrag, der ihr eine Gage von vier Millionen Lire (umgerechnet 26.800 Mark) zusicherte.

Giulietta Masina spielte in „La Strada" überzeugend ein naives Bauernmädchen, das von seiner Familie für einen Teller Nudeln als Sklavin an den brutalen Reisenden Zampanó (Anthony Quinn) verkauft wird. Beide erleben in grauen, freudlosen Städten allerlei Abenteuer. Ein Clown (Richard Basehart) will dem Mädchen beistehen und wird von seinem Herrn getötet. In „La Strada" sah man die zierliche Giulietta Masina mit einer Rettichkopf-Frisur, kindlich fragenden Augen und komisch verzogenem Mund. Der Regisseur hatte ihr eigenhändig die karottenblonden Haare mit einer Gartenschere gekürzt. Der im Film mitwirkende Schauspieler Richard Basehart (1914–1984) sagte zu ihr „Du siehst wie ein Rettich aus" und fragte sie „Bist du eigentlich eine Frau?"
Bei „La Strada" stürzte sich Giulietta Masina – wie immer – voller Temperament in die Dreharbeiten. Das gefährdete nicht selten ihre Gesundheit. In einer Szene von „La Strada" verrenkte sie sich eine Schulter, als sie sich allzu realistisch in ein Loch fallen ließ. In einer Ohrfeigen-Szene verrenkte sie sich ihr Handgelenk.
Das Drehbuch für „La Strada" stammte von Federico Fellini, der auch als Regisseur wirkte. Zu seiner Arbeitsweise gehörte es, mitunter Szenen zu drehen, ohne die Dialoge vorher schriftlich festzulegen. Die Schauspieler sollten sagen, was sie gerade fühlten, was oft besser sei als ein konstruierter Dialog. Aus diesem Grund durfte seine Ehefrau Giulietta Masina vor Beginn

der Dreharbeiten für „La Strada" das Drehbuch nicht lesen. Sie sollte ihre Spontaneität bewahren.

Auf der Biennale 1954 in Venedig zeichnete man den Film „La Strada" mit der bis dahin unbekannten Hauptdarstellerin Giulietta Masina als einen der besten Filme der Weltproduktion aus. Er erhielt den zweiten Preis, den „Silbernen Löwen".

Ungeachtet der Lobeshymen vieler Kritiker wollte zunächst kein Verleih den Film „La Strada" in sein Programm aufnehmen. Erst nach hartnäckigen Verhandlungen glückte es dem Produzenten, diesen Steifen bei einem amerikanischen Verleih unterzubringen, der ihn in Rom startete. Dort setzte man ihn bald wieder ab und er lief nur noch in kleineren italienischen Städten, bis ihn die Produktionsfirma ohne Verleih und auf eigenes Risiko in Frankreich herausbrachte. Anders als in Rom hatte „La Strada" in Paris einen sensationellen Erfolg. In größeren Kinos zeigte man ihn ein halbes Jahr lang. Insgesamt spielte der Film in Frankreich umgerechnet 1,5 Millionen Mark ein. Danach boten englische Verleiher eine Einspielgarantie an. Durch das florierende Auslandsgeschäft wurde der Streifen verspätet schließlich auch in Italien ein Erfolg. Der für umgerechnet 615.000 Mark gedrohte Film „La Strada" brachte mit einem Einspielergebnis von etwa 13,5 Millionen Mark das Zwanzigfache seiner Produktionskosten ein. Er war damals einer der noch ganz seltenen internationalen Großerfolge.

Für „La Strada" erhielten Giulietta Masina und Federico Fellini – laut „Der Spiegel" – 148 internationale Jury-Preise, darunter den „Oscar" 1956. Als das Ehepaar den „Oscar" in Hollywood entgegennahm, fiel Fellini ein Phänomen auf, das ihm als Italiener schier unfassbar erschien: das amerikanische Frauenproblem. Nach seiner Auffassung hatte das Überlegenheitsgefühl der amerikanischen Frauen eine Art von Matriarchat geschaffen, was eine völlige Umkehr der menschlichen Beziehungen bedeute. Wegen der Erfolge von Giulietta prägten amerikanische Journalisten für Fellini die Bezeichnung „Mr. Masina". Der Filmkritiker der „Frankfurter Allgemeinen Zeitung" („FAZ") lobte sie mit den Worten: „Sie ist Heilige und Hexe, Sünderin und Bekennerin! Inbild triebhafter Lust und kindlicher Einfalt".

Zum Welterfolg entwickelte sich auch der Film „Le notti di Cabiria" („Die Nächte der Cabiria", 1957), in dem Federico Fellini wiederum die Regie oblag. Dabei mimte Giulietta Masina eine naive Prostituierte, die sich nach Geborgenheit und Liebe sehnte und reumütig in die kleinbürgerliche Gesellschaft zurückkehren wollte, was ihr aber immer wieder misslang. Trotz zahlreicher schlechter Erfahrungen verlor sie den Glauben an das Gute im Menschen nicht. Am Ende erwies sich ihr kleinbürgerlicher Bräutigam, der sie trotz ihres Vorlebens heiraten wollte, als gerissener Gauer, der ihr das mühsam ersparte Geld stahl.

Bei den Dreharbeiten für „Die Nächte der Cabiria" musste sich Giulietta Masina in einer der letzten Szenen vor ihrem Filmpartner niederknien und ihn anflehen, er solle sie töten. Dies stellte sie so vehemment dar, dass sie dabei eine ihrer Kniescheiben zertrümmerte.

Für ihre Rolle in „Die Nächte der Cabiria" erhielt Giulietta Masina eine Gage von umgerechnet 234.500 Mark. Das war das Neunfache ihrer Gage für „La Strada". Beim Festival in Cannes wurde „Die Nächte der Cabiria" per Telefon zu respektablen Vorausgarantie-Summen in die ganze Welt verkauft, welche die Herstellungskosten abdeckten.

Nach der Uraufführung von „Die Nächte der Cabiria" lobten viele Filmkritiker das schauspielerische Talent von Giulietta Masina und die meisterliche Filmtechnik von Federico Fellini überschwänglich. Ihnen sei es zu verdanken, dass aus der wenig originellen Fabel ein künstlerisch achtbares Werk und nicht ein Dirnenschauerdrama oder gar eine religiöse Schnulze geworden war. Das „Katholische Filmbüro" beurteilte diesen Film als beispielhaft, weil er die menschliche Selbstsucht entlarve und ihr die Tugenden der Gerechtigkeit und der christlichen Nächstenliebe entgegenstelle.

Für ihre Rolle in „Die Nächte der Cabiria" wurde Giulietta Masina in Cannes und San Sebastián als beste Schauspielerin ausgezeichnet. Der Filmkritiker Martin Ruppert deutete dieses Werk von Fellini so: „Die Fahne der Hoffnungslosigkeit ist gehisst, aber sie flattert in Gottes Wind". Ruppert war zuletzt Ressortleiter der Feuilletonredaktion der „Allgemeinen Zeitung" in Mainz, wo ihm der Autor Ernst Probst, der von 1973 bis 2001 bei diesem Blatt als Redakteur arbeitete, oft begegnet ist.

„Das Wunder von Rom. Filmclown Giulietta Masina" titelte am 26. Februar 1958 das Hamburger Nachrichten-Magazin „Der Spiegel". Die Titelseite zierte ein groß-formatiges Foto der Masina. Im Innenteil folgte unter der Rubrik Film mit der Überschrift „Ein gewisses Lächeln" ein sechsseitiger Artikel mit neun Abbildungen. In weiteren, nicht mehr von Federico Fellini stammenden Filmen – wie „Fortunella" (1958) und „La Grande Vie" („Das kunstseidene Mädchen", 1960) – gefiel Giulietta Masina den Kritikern nicht mehr so gut. Unter anderem wurde nun ihr clowngleiches Pathos als „trottelig" empfunden.

Für „Fortunella" schrieb Federico Fellini zwar wieder das Drehbuch, aber die Regie überließ er Eduardo De Filippo (1900–1984). In „Fortunella" mimte Giulietta Masina eine Frau, die auf jeden Betrüger hereinfällt, aber unerschütterlich glaubt, die Tochter eines Prinzen zu sein. Am Ende fand sie Trost, indem sie bei Schmie-renkomödianten die Rolle einer Prinzessin spielen durfte. Auch in diesem Film blieb ihr das Verlet-zungspech treu: Sie brach sich bei den Dreharbeiten einen Daumen.

In dem harten Film „Nella cittá l'inferno" („Hölle in der Stadt", 1958) über ein römisches Frauengefängnis trat Giulietta Masina zusammen mit ihrer Landsmännin Anna Magnani (1908–1973) auf. Dabei stach die ungekämmte Unterrock-Tragödin Magnani mit drastischen Solodarbietungen die zierliche Doktorin der Philosophie Masina überlegen aus, hieß es im Hamburger Nachrichten-Magazin „Der Spiegel". Myriam Bru, die Ehefrau von Horst Buchholz, verkörperte eine Kindesmörderin.

Ende der 1950-er und Anfang der 1960-er Jahre kam Giulietta Masina zu Dreharbeiten nach Deutschland. Neben Karin Baal, Richard Basehart, Gert Fröbe (1913–1988) und Dietmar Schönherr wirkte sie in „Jons und Erdme – Die Frau des Anderen" (1959) mit. Darstellerisch als der Tiefpunkt in ihrer Karriere gilt ihre Rolle in dem deutschen Film „Das kunstseidene Mädchen" (1960). Erfolgreicher waren ihre Streifen „Giulietta degli spiriti" („Julia und die Geister", 1965) und „The Madwoman of Chaillot" („Die Irre von Chaillot", 1969).

In der Folgezeit hatte Guiletta Masina nur kleinere Gastauftritte auf der Kinoleinwand. Sie engagierte sich als Botschafterin des „Weltkinderhilfswerks" („UNICEF") in Italien, gestaltete eine Lebensberatungs-Sendung des italienischen Fernsehsenders „RAI" und arbeitete als Kolumnistin der Turiner Zeitung „La Stampa". Aus ihrer Feder stammt auch das Buch „Il diario degli altri" („Das Tagebuch der anderen", 1975).

Eine ungewöhnliche Rolle hatte Giulietta Masina 1985 in dem tschechoslowakisch-deutsch-österreichischen Märchenfilm „Perinbaba" („Frau Holle") unter der Regie von Jaraj Jakubisko: Sie spielte die Altersrolle der „Frau Holle". Der Streifen unter Verwendung von Motiven des Märchens „Frau Holle" der Brüder Grimm entstand in einer Phase, in der Giulietta wenig Rollen annahm.

Für ihren Ehegatten Federico Fellini stand Giulietta Masina in „Ginger und Fred" (1986) wieder vor der Filmkamera. Darin verkörperten Guilietta und der italienische Schauspieler Marcello Mastroianni (1924–1996) zwei alternde Tänzer, die sich für eine Fernsehshow wieder zusammentun. Durch diesen Film fühlte sich die amerikanische Aktrice Ginger Rogers (1911–1995) beleidigt und klagte vor Gericht.

Für Federico Fellini war Giulietta Masina fast 50 Jahre lang eine vorbildliche Ehefrau. Falls sie aus beruflichen Gründen getrennt wohnten, telefonierten sie mehrfach am Tag. Wenn sie sich wieder sahen, wirbelte Federico seine kleine „Pallina" durch die Luft. Seitensprünge mit attraktiven Schauspielerinnen während einer Filmproduktion verzieh sie ihm.

Die Eheleute lebten lange Zeit zurückgezogen im römischen Badeort Fregene. Ab Mitte der 1980-er Jahre wohnten sie meistens in ihrer römischen Eigentumswohnung. Ihren letzten Auftritt auf der Kinoleinwand hatte Giulietta Masina in der mäßigen Komödie

„Aujourd'hui peut être ..." („Benjamin", 1991) unter der Regie von Jean-Louis Bertuccelli.

1993 hätten Giulietta Masina und Federico Fellini nach 50-jähriger Ehe ihre „Goldene Hochzeit" feiern können. Weil der Lungenkrebs von Giulietta bereits weit fortgeschritten war, sollte die Feier vorverlegt werden. Doch es kam anders als geplant. Federico Fellini erlitt einen Schlaganfall und kam ins Krankenhaus. Von seinem Tod im Oktober 1993 erfuhr Giulietta Masina während der Rückfahrt von einem Besuch bei ihm im Krankenhaus aus dem Autoradio. Nach diesem Schicksalsschlag verschlimmerte sich ihre Krebserkrankung. Wenige Monate später starb sie am 23. März 1994 im Alter von 74 Jahren in Rom. Wie von ihr gewünscht, wurde sie mit einem Foto ihres Gatten in der Hand begraben. Ihr Grab befindet sich auf einem Friedhof in Rimini.

Filme von Giulietta Masina

1946: Paisà, nicht im Abspann erwähnt
1948: Ohne Gnade (Senza pietà)
1951: Lichter des Varieté (Luci del varietà)
1951: Geschlossene Gardinen (Persiane chiuse)
1951: Cameriera bella presenza offresi ...
1952: Es begann auf der Straße (Wanda la peccatrice)
1952: Mutterschicksal / Europa '51
1952: Der weiße Scheich / Die bittere Liebe
(Lo sceicco bianco)
1952: Il romanzo della mia vita
1953: Am Rande der Großstadt (Ai margini della
metropoli)
1953: Sette ore di guai
1954: Via Padova 46
1954: Die Verrufenen (Donne proibite)
1954: Cento anni dl'amore
1954: Das Lied der Straße (La strada)
1955: Gute Nacht, Herr Advokat (Buonanotte ...
avvocato!)
1955: Der Schwindler (Il bidone)
1957: Die Nächte der Cabiria (Le notti di Cabiria)
1958: Fortunella
1958: Hölle in der Stadt / Frauen hinter Gittern
(Nella città l'inferno)

1959: Jons und Erdme – Die Frau des Anderen
1960: Das kunstseidene Mädchen (La Grande Vie)
1965: Julia und die Geister (Giulietta degli spiriti)
1966: Scusi, lei è favorevole o contrario?
1969: Die Irre von Chaillot (The Madwoman of
Chaillot)
1985: Frau Holle (Perinbaba)
1986: Ginger und Fred (Ginger e Fred)

Quelle: Wikipedia und Internet Movie Database

Literatur

DER SPIEGEL: Masina. Ein gewisses Lächeln, S. 46-51, Hamburg 1953

DER SPIEGEL: Register. Gestorben. Giulietta Masina, S. 256, 1. Mai 1994, Hamburg

FEMBIO Frauen-Biographie-Forschung
http://www.fembio.org

HEINZLMEIER, Adolf / SCHULZ, Bernd / WITTE, Karsten: Die Unsterblichen des Kinos, Band 2, Glanz und Mythos der Stars der 40er und 50er Jahre, Frankfurt am Main 1980

INTERNET MOVIE DATABASE
(Film-Datenbank)

PROBST, Ernst: Superfrauen 7 – Film und Theater, Mainz-Kostheim 2001

PROBST, Ernst: Königinnen des Films, München 2012

PUBLIKUMSLIEBLINGE NICHT NUR VON GESTERN http://www.steffi-line.de
Internetseite von Stephanie D'heil, Düsseldorf

WIKIPEDIA (Online-Lexikon)
http://wikipedia.org

WINNERT, Derek (Herausgeber): Giulietta Masina. Aus: Kino. Die große Welt der Filme und Stars, S. 127, Niedernhausen 1995

Bildquellen

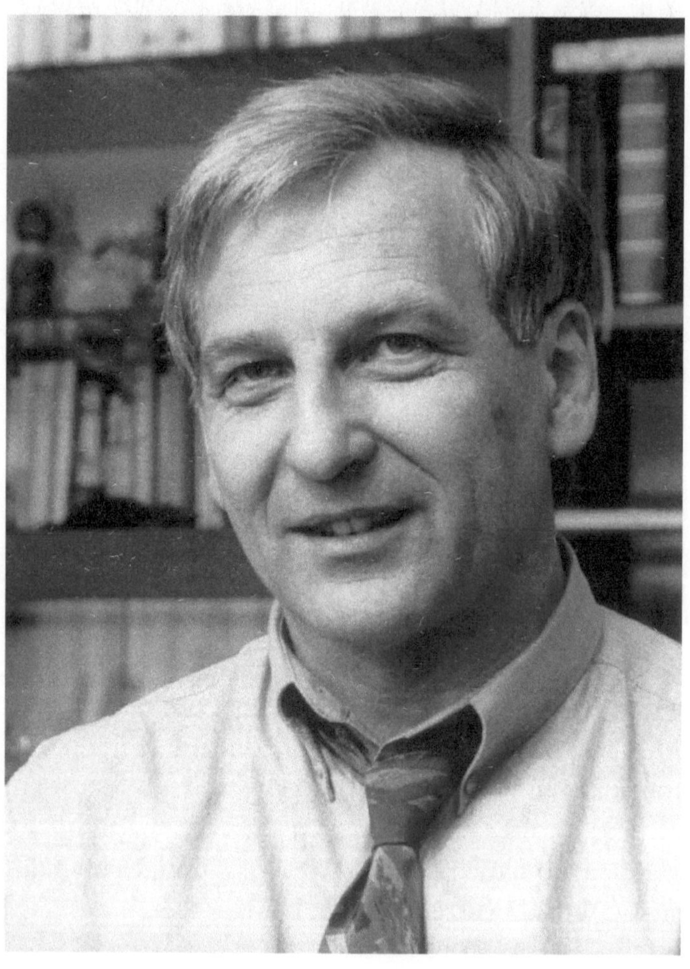

Autor Ernst Probst

Der Autor Ernst Probst

Ernst Probst, geboren am 20. Januar 1946 in Neunburg vorm Wald im bayerischen Regierungsbezirk Oberpfalz, ist Journalist und Wissenschaftsautor. Er arbeitete von 1968 bis 1971 als Redakteur bei den „Nürnberger Nachrichten", von 1971 bis 1973 in der Zentralredaktion des „Ring Nordbayerischer Tageszeitungen" in Bayreuth und von 1973 bis 2001 bei der „Allgemeinen Zeitung", Mainz. In seiner Freizeit schrieb er Artikel für die „Frankfurter Allgemeine Zeitung", „Süddeutsche Zeitung", „Die Welt", „Frankfurter Rundschau", „Neue Zürcher Zeitung", „Tages-Anzeiger", Zürich, „Salzburger Nachrichten", „Die Zeit", „Rheinischer Merkur", „Deutsches Allgemeines Sonntagsblatt", „bild der wissenschaft", „kosmos", „Deutsche Presse-Agentur" (dpa), „Associated Press" (AP) und den „Deutschen Forschungsdienst" (df). Aus seiner Feder stammen die Bücher „Deutschland in der Urzeit" (1986), „Deutschland in der Steinzeit" (1991) und „Deutschland in der Bronzezeit" (1996). Von 2001 bis 2006 betätigte sich Ernst Probst als Buchverleger sowie zeitweise als internationaler Fossilienhändler und Antiquitätenhändler. Insgesamt veröffentlichte er rund 200 Bücher, Taschenbücher, Broschüren und E-Books.

Bücher von Ernst Probst

(Auswahl)

Als Mainz noch nicht am Rhein lag

Annie Oakley
Die Meisterschützin des Wilden Westens

Archaeopteryx. Der Urvogel
aus Bayern

Christl-Marie Schultes. Die erste Fliegerin in Bayern
(zusammen mit Theo Lederer)

Cortés und Malinche. Der spanische Eroberer
und seine indianische Geliebte

Der Europäische Jaguar

Der Mosbacher Löwe
Die riesige Raubkatze aus Wiesbaden

Der Rhein-Elefant
Das Schreckenstier von Eppelsheim

Die Dolchzahnkatze Megantereon

Die Dolchzahnkatze Smilodon

Die Säbelzahnkatze Homotherium

Die Säbelzahnkatze Machairodus

Die Schweiz in der Frühbronzezeit

Die Rhône-Kultur in der Westschweiz

Die Arbon-Kultur in der Schweiz

Die Schweiz in der Mittelbronzezeit

Die Schweiz in der Spätbronzezeit

Dinosaurier von A bis K. Von Abelisaurus
bis zu Kritosaurus

Dinosaurier von L bis Z. Von Labocania
bis zu Zupaysaurus

Eiszeitliche Geparde in Deutschland

Eiszeitliche Leoparden in Deutschland

Frauen im Weltall

Hildegard von Bingen. Die deutsche Prophetin

Höhlenlöwen. Raubkatzen
im Eiszeitalter

Julchen Blasius
Die Räuberbraut des Schinderhannes

Katharina II. die Große.
Die Deutsche auf dem Zarenthron

Johann Jakob Kaup
Der große Naturforscher aus Darmstadt

Königinnen der Lüfte in Deutschland

Königinnen der Lüfte in Europa

Königinnen der Lüfte in Amerika

Königinnen der Lüfte von A bis Z

Rund 70 Kurzbiografien berühmter Fliegerinnen,
Ballonfahrerinnen, Luftschifferinnen,
Fallschirmspringerinnen, Astronautinnen und
Kosmonautinnen

Königinnen des Films

Königinnen des Tanzes

Königinnen des Theaters

Malende Superfrauen

Meine Worte sind wie die Sterne

Die Entstehung der Rede des Häuptlings Seattle
(zusammen mit Sonja Probst)

Monstern auf der Spur
Wie die Sagen über Drachen, Riesen
und Einhörner entstanden

Neues vom Ur-Rhein
Interview mit dem Geologen und Paläontologen
Dr. Jens Sommer

Österreich in der Frühbronzezeit

Österreich in der Mittelbronzezeit

Österreich in der Spätbronzezeit

Pompadour und Dubarry. Die Mätressen
von Louis XV.

Raub-Dinosaurier von A bis Z.
Mit Zeichnungen von Dmitry Bogdanav
und Nobu Tamura

Rekorde der Urmenschen
Erfindungen, Kunst und Religion

Rekorde der Urzeit
Landschaften, Pflanzen und Tiere

Säbelzahnkatzen. Von Machairodus
bis zu Smilodon

Säbelzahntiger am Ur-Rhein. Machairodus
und Paramachairodus

Superfrauen aus dem Wilden Westen

Superfrauen 1 – Geschichte

Superfrauen 2 – Religion

Superfrauen 3 – Politik

Superfrauen 4 – Wirtschaft und Verkehr

Superfrauen 5 – Wissenschaft

Superfrauen 6 – Medizin

Superfrauen 7 – Film und Theater

Superfrauen 8 – Literatur

Superfrauen 9 – Malerei und Fotografie

Superfrauen 10 – Musik und Tanz

Superfrauen 11 – Feminismus und Familie

Superfrauen 12 – Sport

Superfrauen 13 – Mode und Kosmetik

Superfrauen 14 – Medien und Astrologie

Tony und Bruno Werntgen. Zwei Leben für die Luftfahrt
(zusammen mit Paul Wirtz)

Was ist ein Menhir?
Interview mit dem Mainzer Archäologen
Dr. Detert Zylmann

Weisheiten der Indianer

Wer ist der kleinste Dinosaurier?
Interviews mit dem Wissenschaftsautor Ernst Probst

Wer war der Stammvater der Insekten?
Interview mit dem Stuttgarter Biologen
und Paläontologen Dr. Günther Bechly

Zenobia von Palmyra.
Eine Frau kämpft gegen die Römer

Bestellungen bei: http://www.grin.com